Für meine Mutter,
von der ich als Kind lernte,
Pflanzen und Tiere zu sehen
und bei ihrem Namen zu nennen.

2. Auflage 1982

© 1982 Verlag Heinrich Ellermann München
Alle Rechte vorbehalten
Lektorat: Christa Spangenberg
Herstellung: Manfred Lüer
ISBN 3-7707-6215-0
Printed in Germany

Die Wiesen-Uhr

Das Jahr der Wiese

gemalt und erzählt von Irmgard Lucht

Naturkundliche Beratung Una Jacobs

Ellermann Verlag

Was ist eine Wiese?

Wenn man sich im Sommer am Rand einer Wiese auf den Bauch legt und so in das geheimnisvolle Grün hineinschaut, gibt es viel zu entdecken. Wie unterschiedlich allein schon die Blätter der einzelnen Pflanzen aussehen! Da gibt es lange und kurze, kräftig gezähnte und zart gefiederte, herzförmig runde und zusammengesetzte Blätter. Dazwischen stehen die hohen, schmalen Halme unzähliger Gräser. Hier und da leuchten bunte Blüten hervor, und allerlei Tiere kriechen, krabbeln oder fliegen herum. Das ist wie ein richtiger kleiner Dschungel!

Die Wiese ist eine Gemeinschaft von vielen verschiedenen Gräsern und Blumen, die dicht beieinander wachsen. Die Pflanzen sehen zwar ganz unterschiedlich aus, aber sie sind alle ähnlich aufgebaut. Jede hat nämlich *Wurzeln*, *Stengel*, *Blätter* und *Blüten*. Und jede von ihnen braucht zum Leben Erde, Wasser, Luft und Licht.

Die Wurzeln halten die Pflanzen in der Erde fest und saugen aus ihr Wasser und Nährsalze auf. Durch sehr feine Leitungen – unseren Adern ähnlich – wird beides in die Pflanzenteile über der Erde transportiert. Die biegsamen Stengel tragen die Blätter und Blüten. Durch winzige Öffnungen dringt die Luft in die Blätter ein. So atmen die Pflanzen. Und noch etwas Wichtiges geschieht in den Blättern. Aus einem Bestandteil der Luft und aus Wasser werden mit Hilfe des Blattgrüns und des Sonnenlichts neue Stoffe gebildet. Ohne sie könnten die Pflanzen nicht wachsen.

So wie wir Menschen nicht alle die gleichen Mengen essen und trinken, brauchen auch die Wiesenpflanzen nicht alle gleich viel

Nahrung, Wasser und Licht. Im Schatten der größeren Pflanzen gedeiht zum Beispiel hier und da Moos. Es kommt mit wenig Licht aus, braucht aber die feuchte Luft, die es am Wiesenboden findet.

Das Gänseblümchen und der Weiß-Klee wachsen schon höher hinauf. Sie werden noch überholt von vielen anderen Pflanzen, die ganz besonders lichthungrig sind. So teilen die Wiesenpflanzen den engen Raum gut untereinander auf. Kaum gibt es eine freie Stelle, jeder Platz ist besetzt.

Fast alle Wiesen, die wir kennen, gäbe es nicht ohne den Menschen. Sie werden nämlich erst dadurch zu Wiesen, daß sie mehrmals, mindestens aber einmal im Jahr, geschnitten oder durch Vieh abgeweidet werden. Wo das nicht geschieht, verwandelt sich die Wiese bald in eine Wildnis, in der sich auch Sträucher und Bäume ansiedeln.

Weil Wiesen regelmäßig gemäht werden, können dort nur solche Pflanzen gedeihen, die nach dem Schnitt immer wieder nachwachsen. Aber nicht alle Wiesenpflanzen vertragen das Mähen gleich gut. Gras und Weiß-Klee zum Beispiel schadet der Schnitt am wenigsten. Sie wachsen auf fast jeder Grünfläche, auch wenn häufig gemäht wird. Viele andere Wiesenpflanzen dagegen findet man nur auf den Bauernwiesen auf dem Lande.

Welche Pflanzen auf einer Wiese gedeihen können, hängt auch noch davon ab, ob sie im Bergland liegt oder im Flachland, ob sie eine sonnige oder eine schattige Lage hat und ob der Boden feucht oder trocken ist. Natürlich ist es auch wichtig, ob die Erde locker und fruchtbar oder hart und steinig ist. So gleicht keine Wiese der anderen, jede hat ihr eigenes Aussehen.

Wie die Pflanzen und Tiere heißen, steht auf Seite 36.

Die Tiere der Wiese

Wer die Wiese eine Zeitlang aufmerksam beobachtet, wird erstaunt feststellen: Sie ist ja voller Tiere! Je genauer man hinschaut, um so mehr entdeckt man. Das macht besonders viel Spaß mit einem Vergrößerungsglas. Viele Tiere sind nämlich so winzig, daß man sie auf den ersten Blick glatt übersieht. Manche sind nicht größer als der Punkt auf diesem i. Darum sind sie hier auch nicht zu sehen. Sie sind einfach zu klein, um sie genau zu zeichnen.

Ein Teil der größeren Tiere, aber längst nicht alle, soll hier vorgestellt werden. Sie sind entweder auf den Wiesen zu Hause oder kommen als Besucher dorthin. Man kann sich nur wundern, daß so viele verschiedene Tiere so nah beieinander leben können. Das ist aber deshalb möglich, weil sie ganz unterschiedliche Lebensgewohnheiten und Bedürfnisse haben. Ähnlich wie die Pflanzen teilen sie den Raum und die Nahrung untereinander auf.

Man könnte die Wiese mit einem großen Haus vergleichen, in dem sich die einzelnen Bewohner und Besucher auf die drei Stockwerke über der Erde und auf den Keller verteilen.

Bienen, Hummeln und Schmetterlinge zum Beispiel leben vom Nektar der Blüten, die sie vorwiegend im obersten Stockwerk des Wiesenhauses finden.

Heuschrecken und Schmetterlingsraupen fressen die Blätter, und zwar hauptsächlich im mittleren Stockwerk. Aber nicht jeder Raupe schmecken die gleichen Blätter. Darum legen die Weib-

① Schwalbenschwanz	⑦ Spannerraupe	⑬ Grasfrosch
② Kleebunteule	⑧ Erdhummel	⑭ Maulwurf
③ Tagpfauenauge	⑨ Feldlerche	⑮ Kohlschnake
④ Großer Kohlweißling	⑩ Honigbiene	⑯ Marienkäfer
⑤ Kohlweißlingsraupe	⑪ Schwebfliege	⑰ Saumwanze
⑥ Blutströpfchen	⑫ Wespe	⑱ Weichkäfer

8

chen der verschiedenen Schmetterlingsarten ihre Eier nur an ganz bestimmten Pflanzen ab. Sie sind wie »Wirte« für die Raupen, die später aus den Eiern schlüpfen. Deshalb nennt man sie Wirtspflanzen.

Schnecken leben von Blättern und anderen Pflanzenteilen. Die suchen sie sich meistens im unteren Stockwerk, also auf der Erde. Dort, wo es schattig und feucht ist, ist auch der Grasfrosch zu Hause. Er verspeist gern Schnecken und Regenwürmer.

Der Maulwurf findet alles, was er zum Leben braucht, im Keller des Wiesenhauses – nämlich in der Erde. Dort jagt er nach Regenwürmern und allerlei Insekten. Im Boden leben besonders viele Tiere, größere und winzig kleine.

Manche Tiere sind hauptsächlich tagsüber munter und ruhen sich nachts aus. Bei anderen ist es genau umgekehrt. So teilen sie nicht nur den Raum und die Nahrung, sondern auch die Tageszeit, ja sogar das ganze Jahr unter sich auf. Nie sind alle gleichzeitig auf den Wiesen zu sehen. Ähnlich ist es übrigens mit den Pflanzen. In jedem Monat gibt es Neues zu entdecken.

Die Wiesen-Uhr läuft allerdings nicht so gleichmäßig und pünktlich wie eine richtige Uhr. Manchmal geht sie vor und manchmal geht sie nach. Das Wachstum der Pflanzen hängt nämlich auch von der Wärme ab. Aber in den einzelnen Gegenden und auch in den verschiedenen Jahren wird es nicht immer zur gleichen Zeit warm. So kommt es, daß nach einem kurzen, milden Winter die ersten Wiesenblumen schon viel früher blühen als nach einem langen und kalten.

⑲ Maulwurfsgrille	㉕ Schermaus	㉛ Feldheuschrecke
⑳ Regenwurm	㉖ Schnirkelschnecke	㉜ Feldgrille
㉑ Ohrwurm	㉗ Große Wegschnecke	㉝ Großes grünes Heupferd
㉒ Ameisen	㉘ Wolfsspinne	
㉓ Feldmaus	㉙ Kreuzspinne	
㉔ Totengräber	㉚ Weberknecht	

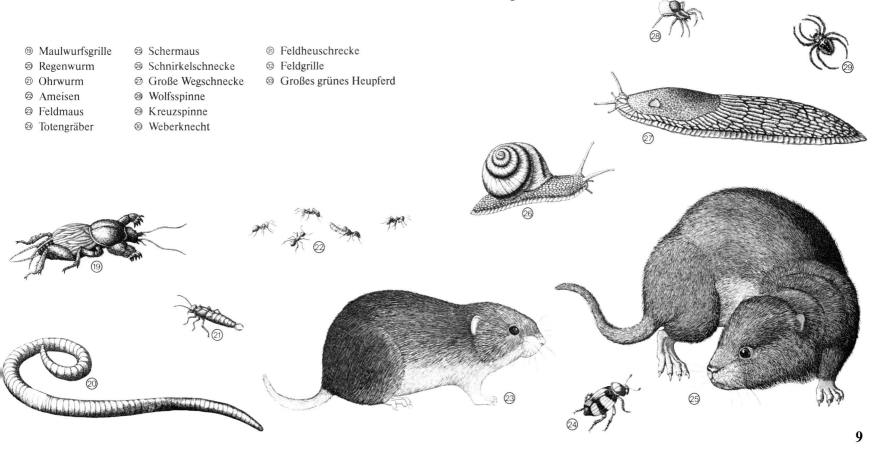

9

Januar

Jetzt ist Ruhezeit in der Natur. Die Laubbäume stehen dunkel und kahl vor dem Winterhimmel, und Schnee bedeckt das Land. Von Wiesen ist weit und breit nichts zu sehen. Oder doch?

Wer über die weißen Flächen stapft und die Augen offenhält, kann allerhand entdecken. Da und dort lugen Grasspitzen und Stengel von Pflanzen hervor. Sie verraten, daß hier eine Wiese ist. Und Spuren im Schnee erzählen von Tieren, die sie besucht haben. Quer über diese Wiese ist zum Beispiel ein Hase gehoppelt. Seine typischen Spuren sind auch ganz vorne im Bild zu erkennen. Braune Kotkügelchen liegen im zerwühlten Schnee, und Gras kommt zum Vorschein. Hier hat er nach Futter gesucht.

Im kalten Winter leiden die Tiere oft große Not, vor allem wenn sie im freien, offenen Gelände leben. Der Schnee deckt nämlich nicht nur ihre Futterplätze zu. Er macht es ihnen auch schwer, sich vor Feinden zu verstecken. Früher fanden sie noch Schutz unter Hecken und Sträuchern, die zwischen den Feldern und Wiesen wuchsen. Aber heute holzen die Menschen das Buschwerk mehr und mehr ab. Wo sollen sich die Tiere bei Gefahr nun verbergen?

Die Rebhühner schützen sich gegenseitig und schließen sich schon im Herbst zu Gruppen zusammen. Gemeinsam gehen sie auf Futtersuche, und gemeinsam ruhen sie sich aus. Dicht zusammengedrängt wärmen sie sich und beobachten wachsam ihre Umgebung. So helfen sie einander, die schwere Zeit zu überstehen.

Klappertopf   Frühlings-Knotenblume   Schafgarbe   Schlüsselblume   Löwenzahn   Hahnenfuß

Februar

Noch hält die Winterruhe an. Aber nicht mehr lange. Felder müssen in jedem Jahr neu eingesät oder bepflanzt werden, aber die Wiesen werden ganz von alleine wieder grün. Wie kommt das?

Im Herbst sterben nur die Teile der Wiesenpflanzen ab, die auf den kleinen Bildern oben hell aussehen. Die dunkel gezeichneten Teile aber überstehen den Winter ohne Schaden. Aus ihnen wachsen im Frühjahr die Pflanzen neu hervor.

Ehrenpreis   Spitz-Wegerich   Weiß-Klee   Schafgarbe

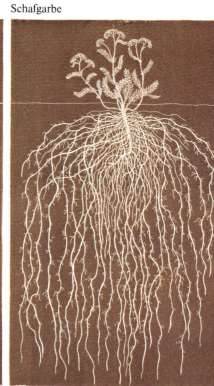

Beim Klappertopf überwintern nur die *Samen*, bei der Frühlings-Knotenblume die *Zwiebel* und bei der Schafgarbe und der Schlüsselblume die *Wurzelstöcke*. Beim Löwenzahn überstehen neben der kräftigen Pfahlwurzel auch einige Teile der *Blattrosette* über der Erde die kalte Zeit und beim Hahnenfuß die kleinen *Ausläufer*.

So verschieden wie die Blätter und Blüten sind auch die Wurzeln der Pflanzen. Das zeigen die vier Beispiele auf der linken Seite unten. Im Wiesenboden haben die Wurzeln natürlich längst nicht so viel Platz und wachsen darum eng ineinander verschlungen.

Mitten durch das Wurzelgeflecht, knapp unter der Erdoberfläche, baut eine große Wühlmaus oft ihre weitverzweigten Gänge. Sie heißt Schermaus. Bei ihrer Wühlarbeit beißt und frißt sie die Wurzeln einfach ab. Das kann den Pflanzen sehr schaden.

Die kleine, unruhige Feldspitzmaus hat immer Hunger und vertilgt große Mengen von Insekten aller Art.

Aber sie frißt auch gerne Regenwürmer. Auf dem Bild stibitzt sie sich gerade einen aus den Vorräten des Maulwurfs. Solche Vorratskammern legt der Maulwurf sich für Notzeiten an. Das macht er ganz raffiniert: Er beißt den Regenwürmern das Vorderende ab. So bleiben sie am Leben, können aber nicht mehr fortkriechen!

Der Maulwurf kommt fast nie ans Tageslicht und lebt ganz allein in seinem unterirdischen Reich. Auch wenn es da dunkel ist, findet er sich immer zurecht. Er kann nämlich ganz besonders gut hören und riechen. Seine großen Vorderfüße benutzt er als Schaufeln, mit denen er die vielen Lauf- und Jagdgänge und seine Wohnhöhle gräbt. Für den Winter hat er sich diese Höhle warm ausgepolstert. Hier ruht er sich aus, wenn er von seinen regelmäßigen Ausflügen zurückkommt.

Wie die Pflanzen und Tiere heißen, steht auf Seite 36.

Kiebitz

März–April

Wenn die Tage länger werden, die Vögel wieder singen und die ersten Gänseblümchen blühen, ist es endlich soweit. Es wird Frühling! Den Schafen mit ihrem dicken Winterfell macht es nichts aus, wenn es oft noch recht kalt ist. Sie dürfen schon Anfang März wieder auf die Weiden hinaus. Auf diesem Bild grasen sie auf einer Deichwiese an der Nordseeküste. Deiche sind Erdwälle, die von den Menschen schon seit Jahrhunderten zum Schutz gegen Hochwasser und Sturmfluten gebaut werden. Damit sie dem Ansturm des Wassers besser standhalten, wird auf ihnen immer Gras angesät. Es wächst über und unter der Erde so dicht ineinander verflochten, daß es wie ein festes Gewebe die Erdwälle umschließt. Die Schafe fressen das Gras ganz kurz ab und treten mit ihren kleinen Hufen die Erde fest. Beides ist sehr wichtig, damit die Deiche gut halten.

14

Mit einem gellenden »Kiäwitt« verkünden im März die Kiebitze, daß sie wieder da sind. Sie sind aus dem Süden zurückgekommen, um auf Wiesen und Feldern ihre Nester zu bauen.

Auch die Grasfrösche ⑥ sorgen in dieser Zeit für Nachkommen. In dem Tümpel oder Weiher, in dem ihr eigenes Leben begann, halten sie Hochzeit. Die Weibchen legen viele Eier – den Froschlaich – dort ab. Danach verlassen die Frösche das Wasser und leben bis zum Herbst auf feuchten Wiesen.

Die warmen Strahlen der Sonne locken noch andere Tiere aus ihren Winterverstecken. Wie schön ist es, wenn wir bei einem Spaziergang im Frühling ganz unvermutet den ersten Schmetterling sehen! Vielleicht ist es ein Zitronenfalter ① oder ein Kleiner Fuchs ②? Manchmal sieht man auch eine besonders große Wespe ③ oder eine dicke Erdhummel ④

über der Wiese hin und her fliegen. Das sind Weibchen, die einen guten Platz für die Gründung eines neuen Staates suchen. Haben sie ihn gefunden – zum Beispiel in einem Erdloch –, beginnen sie mit dem Nestbau und bald danach mit der Eiablage.

Auch an den Wiesenpflanzen sieht man, daß der Frühling beginnt. Überall zwischen dem grünbraunen, welken Gras des Vorjahrs sprießen neue Halme hervor, und viele andere Pflanzen entfalten ihre ersten Blätter. Manche beginnen sogar schon zu blühen, zum Beispiel die Schlüsselblume ⑤, die Frühlings-Knotenblume ⑦ und das Scharbockskraut ⑧. Diese Frühblüher nutzen die Zeit aus. Bald werden auch die anderen Wiesenpflanzen zu wachsen beginnen, sich ausbreiten und ihnen dann Platz und Licht wegnehmen.

15

April–Mai

Der April ist ein launischer Geselle. Er kann schon sommerlich warm sein oder noch fast winterlich kalt. Erst wenn eine durchschnittliche Tagestemperatur von 10 °C erreicht ist, erwachen die meisten Pflanzen aus der Winterruhe. Dann allerdings kann man fast zusehen, wie schnell sie wachsen. Schon bald sind die Wiesen wieder frisch und grün. Wir Menschen dürfen sie jetzt nicht mehr betreten, um die Pflanzen zu schonen.

Viele Samen, die im Winter im Boden gelegen haben, gehen nun auf. Aber woher kommen sie eigentlich? Sie bilden sich in den Blüten. Beim Löwenzahn sieht das so aus: Die Knospe ① geht auf ②, und die Blüte ③ entfaltet sich. Ihre leuchtende Farbe und der Duft verraten einer Biene, daß sie hier Nektar findet. Während sie auf der Blüte herumkrabbelt und saugt, verliert sie den Blütenstaub, der schon von anderen Löwenzahnblüten an ihrem haarigen Körper hängt. So

wird diese Blüte bestäubt und befruchtet. Danach, aber auch an jedem Abend und bei Regenwetter, schließt sie sich ④. Nach der Befruchtung verblüht die Löwenzahnblüte. In ihr entwickeln sich die Samen ⑤. Wenn sie reif sind, öffnet sich schließlich die Pusteblume ⑥. Die unzähligen Samen mit ihren kleinen Fallschirmen werden vom Wind weit davongetragen.

Auch viele Tiere sorgen nun für Nachkommen – jedes nach seiner Art. Schmetterlinge zum Beispiel vermehren sich so: Ein Weibchen wird von einem Männchen befruchtet ⑦ und legt danach seine winzigen Eier ⑧ auf einer Wirtspflanze ab. Hier ist es Wiesen-Schaumkraut. Aus den Eiern ⑨ schlüpfen nach einiger Zeit ganz kleine Räupchen ⑨ₐ. Sie kennen nur eine Beschäftigung: fressen, fressen, fressen.

Erstaunlich schnell wachsen sie heran. Wenn sie ausgewachsen sind, sucht sich jede Raupe ⑩ einen geschützten Platz, um sich zu verpuppen. Die Raupe des Großen Kohlweißlings spinnt

⑨ + ⑨ₐ = stark vergrößert

Entwicklung vom Ei zum Schmetterling beim Großen Kohlweißling

16

sogar einen seidenen Faden und bindet sich damit an einem kleinen Ast fest. Danach wird sie ganz starr und verwandelt sich in eine Puppe ⑪. Aus ihr schlüpft nach einiger Zeit der fertige Schmetterling ⑫ und fliegt davon.

Viele Tiere sind sehr fürsorgliche Eltern. Die Feldlerchen zum Beispiel bauen ihre Nester an einer geschützten Stelle direkt auf dem Boden. Die Eier werden sorgfältig ausgebrütet, und nach zwei Wochen schlüpfen die Jungen. Sie werden von den Eltern so lange mit Insekten gefüttert, bis sie selbständig sind.

Eine besonders gute Mutter ist auch die kleine Mauerbiene. Für jedes ihrer Kinder sucht sie ein leeres Schneckenhaus, in dem sie tief innen einen Nahrungsvorrat unterbringt. Man nennt ihn Futterkuchen. Daran legt sie ein Ei und verschließt die Kinderstube mit zerkauten Blättern. Den Rest des Schneckenhauses füllt sie mit Steinchen aus. Zum Schluß versteckt die Mauerbiene das Ganze noch unter einem zeltförmigen Dach aus trockenen Halmen.

Die Wolfsspinne hat ihre Kinder immer bei sich, zuerst die zu einem runden weißen Paket umsponnenen Eier und später die ausgeschlüpften winzigen Spinnen. Sie trägt sie auf ihrem Rücken mit sich herum.

Wie die Pflanzen und Tiere heißen, steht auf Seite 36.

Feldgrille

Mai

Überall grünt und blüht es jetzt um die Wette. Die Lerche trillert hoch oben in der Luft unermüdlich ihr Lied, und die Schwalben jagen dicht über der Wiese nach Insekten als Futter für ihre Jungen. Die Feldgrillen sitzen versteckt zwischen den Pflanzen. Das Zirpkonzert der Männchen ist noch bis in die Nacht hinein zu hören.

Hinter dem Zaun auf der *Weidewiese* grasen gemächlich die Kühe. Die Löwenzahnwiese vorn im Bild ist eine *Mähwiese*. Alle Pflanzen, die hier wachsen, werden nämlich abgemäht. Tiere, die immer im Stall bleiben, bekommen sie als *Grünfutter*. Oder die Pflanzen werden frisch in Silos gefüllt, fest zusammengepreßt und später als *Gärfutter* verwendet. Oder aber sie werden als Heu, also als *Trokkenfutter*, in die Scheunen gebracht. Silos und Scheunen sind Vorratskammern für Futter.

Auch Hasen, Wildkaninchen und Rehe suchen sich auf den Bauernwiesen ihre Nahrung. In der Morgen- und Abenddämmerung kann man sie manchmal dort beobachten. Wildkaninchen, wie hier die Mutter mit ihren Kindern, trifft man zuweilen auch in der frühen Morgensonne an.

In dieser Zeit verändern sich die Mähwiesen von Woche zu Woche. Das Gelb der Löwenzahnblüten verwandelt sich bald in das Weißgrau der Pusteblumen. Danach öffnen sich die kleinen Hahnenfußblüten und färben die Wiesen wieder gelb. Und wenn die Blütezeit des Wiesen-Kerbels beginnt, sehen viele von ihnen fast weiß aus.

Mai–Juni

Manche Mähwiesen werden jetzt immer farbenprächtiger. Da blühen nun: Margerite ①, Sauer-Ampfer ②, Kriech-Günsel ③, Hahnenfuß ④, Lichtnelke ⑤, Braunelle ⑥, Wiesen-Glockenblume ⑦, Labkraut ⑧, Vogel-Wicke ⑨, Klappertopf ⑩, Gänseblümchen ⑪, Rot-Klee ⑫, Frauenmantel ⑬, Rundblättrige Glokkenblume ⑭, Hornklee ⑮, Augentrost ⑯, Wiesen-Salbei ⑰, Wiesen-Bocksbart ⑱, Wiesen-Kerbel ⑲, Tauben-Skabiose ⑳, Schlangen-Knöterich ㉑, Weiß-Klee ㉒ und viele andere.

So schön und eigenartig wie ihre Namen sind auch die Formen der verschiedenen Wiesenblumen. Keine gleicht der anderen, aber alle haben den gleichen Sinn. Sie werben um Insektenbesuch, um bestäubt zu werden. Ohne diese Blütenbesucher könnten sich viele Pflanzen nicht vermehren. Ohne die Blumen aber gäbe es auch all die Insekten nicht, die von ihnen leben. Bei Lichtnelke und Rot-Klee ist es übrigens gar nicht so einfach, an den Nektar heranzukommen. Nur Schmetterlinge und Hummeln haben so lange Saugrüssel, daß sie sich den süßen Saft aus diesen Blüten holen können.

Früher wuchsen auf fast allen Mähwiesen lauter verschiedene Blumen. Aber seitdem die Bauern viele ihrer Wiesen besonders stark düngen, um mehr Futter ernten zu können, hat sich das geändert. Durch das Düngen werden nur bestimmte Pflanzenarten sehr groß und kräftig. Dabei verdrängen sie die anderen.

Die Insekten auf diesem Bild heißen: Bläuling ㉓, Kleiner Feuerfalter ㉔, Saumwanze ㉕, Honigbiene ㉖, Marienkäfer ㉗, Erdhummel ㉘, Blattwespe ㉙, Blutströpfchen ㉚.

Juni

Die Mitte des Jahres ist erreicht, und am 21. Juni ist Sommeranfang. An hohen, schlanken Halmen entfalten nun auch die vielen Gräser ihre zarten Rispen und beginnen zu blühen. Dadurch sehen vor allem die Mähwiesen wieder ganz anders aus. Es ist, als hätte sich ein goldbrauner Schleier über sie gebreitet.

Grasblüten, wie sie das Bild auf Seite 6 zeigt, sind unscheinbar und werden von den Insekten kaum beachtet. Aber das macht nichts. Sie haben einen anderen Helfer, der für ihre Bestäubung sorgt. Das ist der Wind! An sonnigen, trockenen Tagen öffnen die Gräser ihre kleinen Blüten und hängen die Staubbeutel heraus. Der Wind nimmt den feinen Blütenstaub wie in einer Wolke mit sich fort. Er trägt ihn zu anderen Gräsern der gleichen Art.

Man nennt Gras »die wichtigste Pflanze der Welt«. Wer das hört, wird sich zunächst wundern. Was kann denn an diesen unscheinbaren Pflanzen so wichtig sein? Auf jeder Wiese wachsen vor allem Gräser. Und Gras ist die Hauptnahrung für das Vieh. Von diesen Tieren bekommen wir Menschen wiederum Milch, Butter und Fleisch. Aber auch die Getreidearten gehören zu der Familie der Gräser. Sie wurden im Lauf von Jahrhunderten so gezüchtet, daß sie immer mehr und größere Körner bekamen. Daraus wird das Mehl gemahlen, und ohne Mehl gäbe es kein Brot.

Vier Getreidearten:
① Roggen, ② Gerste, ③ Weizen, ④ Hafer

Wiesengräser:
⑤ Knäuelgras
⑥ Flaumiger Hafer
⑦ Wolliges Honiggras

⑧ Englisches Raygras
⑨ Wiesen-Rispengras
⑩ Weiche Trespe
⑪ Wiesen-Kammgras

⑫ Wiesen-Schwingel
⑬ Wiesen-Fuchsschwanz
⑭ Rotes Straußgras
⑮ Italienisches Raygras

Die erste Heuernte beginnt im Juni, sobald die Gräser verblüht sind. Bei schönem Wetter fährt der Bauer darum schon früh morgens, wenn die Wiesen noch feucht sind, mit seiner Mähmaschine hinaus. Kurze Zeit später liegen all die schönen Wiesenpflanzen am Boden. Danach müssen sie gut trocknen. Sie werden tagsüber ausgebreitet und immer wieder gewendet. So wird aus ihnen das duftende Heu. Um es vor der Feuchtigkeit der Nacht zu schützen, wird es abends zu langen Reihen oder zu Haufen zusammengerecht. Erst wenn es ganz trocken ist, kann es in die Scheunen eingefahren werden. Feuchtes Heu würde nämlich schimmeln und verderben.

An heißen Tagen trocknet das Heu besonders gut. Aber gerade durch die Wärme entstehen im Sommer oft Gewitter. Dunkel ziehen die Wolken in der Ferne auf und kommen rasch näher. Nun beginnt für den Bauern ein Wettlauf mit der Zeit. Wird er sein Heu noch rechtzeitig nach Hause bringen? Oder wird es wieder naß werden?

Moderne Maschinen helfen dem Bauern bei der Ernte. Durch sie spart er Zeit und Mühe. Aber für viele Tiere können die Mähmaschinen gefährlich werden. Rehkitze, junge Hasen und Rebhühner zum Beispiel laufen bei Gefahr nicht weg, solange sie sich zwischen den Pflanzen verstecken können. Sie verlassen sich auf ihre Tarnfarbe. So können sie sich zwar vor ihren Feinden verbergen, den Maschinen aber sind sie gerade dadurch wehrlos ausgeliefert. Viele Bauern wissen das und warnen die Tiere rechtzeitig. Kurz vor der Mahd vertreiben sie sie von der Wiese, und die Tiere können so gerettet werden.

Juli

Frisch geschnittene Wiesen sehen fast aus wie Stoppelfelder. Wie kommt es nur, daß sie schon nach kurzer Zeit wieder grün sind? Beim Mähen werden nur die hochgewachsenen Blätter und Blüten abgeschnitten. Die Teile, die für das Weiterleben der Pflanzen wichtig sind, liegen aber entweder in der Erde oder dicht darüber. Deshalb werden sie von den Messern der Mähmaschinen nicht erreicht und treiben nach jedem Schnitt neu aus. Wenn regnerische Tage mit sonnigen, warmen abwechseln, wachsen die Wiesenpflanzen besonders schnell nach.

Bald leuchten auch wieder bunte Blumen hervor. Zwar sind es längst nicht mehr so viele wie vor der Mahd, aber trotzdem kann man manchen schönen Strauß pflücken.

Viel Freude macht es auch, Wiesenpflanzen zu sammeln, um sie zu Hause zu pressen. Am besten sucht man sich kleine Pflanzen oder Teile von größeren aus. Die Stengel sollten jedenfalls nicht zu dick sein. Zwischen alten Zeitungen werden sie einzeln ausgebreitet und mit einem Stapel Bücher beschwert. Wenn die Pflanzen ganz trocken sind, können sie zum Beispiel in ein Zeichenheft geklebt werden. Wer auch noch ihren Namen weiß und dazuschreibt, hat dann ein richtiges Herbarium. So nennt man nämlich eine Sammlung von getrockneten Pflanzen.

Im Juli blühen auf den Wiesen auch Blumen, die vorher noch nicht zu sehen waren. Die Wilde Möhre auf diesem Bild ist eine von ihnen. Sie ist mit der Möhre im Garten verwandt und hat ganz ähnliche Blätter. Ihre kräftige Wurzel reicht tief in die Erde hinein. Darum kann sie die Pflanze auch in regenarmen Zeiten immer gut mit Wasser versorgen.

Es gibt noch viele andere Wiesenpflanzen mit weißen Blütendolden, die der Wilden Möhre fast zum Verwechseln ähnlich sind. Trotzdem kann man die Wilde Möhre von den anderen unterscheiden. Genau in der Mitte der Dolde ① sitzt nämlich häufig ein einziges purpurrotes Blütchen, die Mohrenblüte. Daran sowie an ihren sternförmigen Knospen ② und an ihren Fruchtständen ③ kann man die Wilde Möhre erkennen. Die verblühten Dolden sehen aus wie kleine Vogelnester.

Wie Pflanzen und Tiere der Wiese miteinander und voneinander leben, soll hier einmal gezeigt werden. Die *Blüten* auf diesem Bild werden von den Schwebfliegen ④ und einem besonders schönen Schmetterling besucht. Er heißt Schwalbenschwanz ⑤.

Vom *Pflanzensaft*, der in den kräftigen Stengeln aufsteigt, leben die Blattläuse ⑥ und auch die Larven der Wiesen-Schaumzikade. Die Larven kann man nicht sehen, weil sie sich immer in einem Schaumnest ⑦ verstecken. Dieses Nest hat einen lustigen Namen: Kuckucksspucke.

Die *Blätter* werden von Feldheuschrecken ⑧, Raupen, Schnirkelschnecken ⑨ und vielen anderen Tieren gefressen. Die Wilde Möhre ist eine Wirtspflanze der gefräßigen Schwalbenschwanzraupen ⑩.

Für die *Wurzeln* schließlich interessieren sich allerlei Erdbewohner – wie hier die Maulwurfsgrille ⑪. Und die Hauptnahrung des Regenwurms ⑫ ist Erde, die mit *abgestorbenen Pflanzenteilen* aller Art durchsetzt ist.

Man müßte meinen, wenn so viele Tiere überall an einer Pflanze fressen, kann ja bald nichts mehr von ihr übrig sein. Aber zum Glück passiert das nicht. Jede Tierart hat nämlich ihre natürlichen Feinde, die dafür sorgen, daß sich keine Art zu stark vermehrt. Der Marienkäfer ⑬ und seine grau-gelbe Larve ⑭ zum Beispiel gehören zu den natürlichen Feinden der vielen Blattlausarten. Im Laufe ihres Lebens vertilgen sie weit über tausend Läuse! Auch der schwarz-rote Bienenwolf ⑮ ist ein Fleischfresser. Er jagt auf der Blütendolde nach kleineren Insekten.

Die Weibchen einiger Schlupfwespenarten ⑯ legen ihre Eier in Schmetterlingsraupen ab. Wenn die Larven geschlüpft sind, verspeisen sie ihren »Wirt« von innen her. Tiere, die so oder ähnlich von anderen leben, nennt man Schmarotzer.

Auch Ameisen ⑰ schmarotzen manchmal. Blattläuse scheiden nämlich einen süßen Saft aus, den man Honigtau nennt. Die Stengel der Pflanzen sind oft ganz klebrig davon. Ameisen mögen den Honigtau besonders gern und lecken ihn auf. Um noch mehr zu bekommen, betrommeln sie mit ihren Vorderbeinen sogar den Hinterleib der Läuse. Man sagt: Die Ameisen melken die Blattläuse!

August

Ein Sommertag ist zu Ende gegangen, und Dämmerung breitet sich aus. Würziger Duft steigt aus den feuchten Wiesen auf. Die Luft ist erfüllt von dem feinen, sirrenden Gesang des Großen grünen Heupferdes.

Die warmen Sommernächte sind voll Leben. Nur wir Menschen merken das nicht, weil wir im Bett liegen und schlafen. Aber wie wäre es, wenn wir es ausnahmsweise einmal anders machten? Ein Nachtspaziergang zwischen Wiesen und Feldern ist nämlich ein ganz besonderes Erlebnis!

Viele Tiere, die tagsüber in ihren Verstecken geschlafen haben, werden nach Sonnenuntergang munter. Im Schutz der Dunkelheit suchen sie sich ihre Nahrung. Schnüffelnd und schnaufend streift der Igel durch den dichten Dschungel der Pflanzen. Seine gute Nase verrät ihm, wo er Futter findet: Schnecken, Frösche, Insekten und vieles mehr. Regenwürmer kommen nachts aus der Erde heraus, und der Grasfrosch hat sich gerade einen geschnappt. Der Feldmaus würde der Wurm nicht schmecken, denn sie lebt nur von Pflanzenteilen. Wer genau hinsieht, wird auf diesem Bild auch noch andere Tiere entdecken: die Schmetterlinge und die kleine Spannerraupe, die Feldheuschrecke, die braune Saumwanze und den Ohrwurm. Und man wird auch Blumen finden, die neu dazugekommen sind: die großen Dolden des Wiesen-Bärenklaus, die lila Blüten der Wiesen-Flockenblume und die weißen der Schafgarbe. Wenn die Wiesen so hochgewachsen sind wie hier, können sie bald wieder gemäht werden. Mitte August beginnt meist die zweite Heuernte.

Wie die Pflanzen und Tiere heißen, steht auf Seite 36.

September

Es ist Spätsommer. Die Tage sind noch mild, aber sie werden schon spürbar kürzer. Am 23. September beginnt der Herbst. Als letzte Wiesenblume öffnet die blaßlila Herbstzeitlose ihre zarten Blütenkelche, die direkt aus der Knolle herauswachsen. Aber wo sind ihre grünen Blätter? Die entwickeln sich erst im nächsten Frühjahr. Zusammen mit dem Fruchtstand kommen sie im Mai aus der Erde heraus. Obwohl die Blüten so schön sind, sieht der Bauer diese Pflanze nicht gern auf seinen Wiesen und Weiden. Wo er sie findet, sticht er sie mit der Knolle aus, damit sie nicht mehr nachwächst. Die Herbstzeitlose ist nämlich in allen ihren Teilen sehr giftig!

Im Spätsommer geht das Leben vieler Insekten zu Ende. Doch bevor sie sterben, sorgen sie für Nachkommen. Das Weibchen des Großen grünen Heupferdes zum Beispiel bohrt seine lange Legeröhre in die Erde und legt die Eier dort einzeln ab. Auch die Kohlschnake, die links oben im Bild zu sehen ist, hat ihr Gelege dem Schutz der Erde anvertraut.

Die Ohrwurm-Mutter stirbt im Herbst nicht. Sie kann ihre 20 bis 40 Eier in der kleinen Höhle auch während des Winters sorgfältig pflegen und bewachen.

Die schwarz-roten Käfer heißen Totengräber. Sie sorgen auf eine besondere Weise für ihre Kinder. Wenn sie ein totes Tier, wie hier die Maus, gefunden haben, graben sie es gemeinsam ein. Das ist eine mühsame Arbeit. Dicht neben der Maus legt das Weibchen dann seine Eier ab. Das Fleisch des Tieres ist Nahrung für die Larven, die später aus den Eiern schlüpfen.

In der Erde gibt es noch andere Lebewesen, die sich von toten Tieren und von abgestorbenen Pflanzen ernähren. Das sind winzige Bakterien und Pilze, die man mit bloßem Auge nicht sehen kann. So klein sie auch sind, erfüllen sie eine wichtige Aufgabe im Kreislauf der Natur. Sie sorgen nämlich dafür, daß alles Tote in einzelne Teile zerlegt wird. Aus diesen Teilen wächst dann wieder etwas Neues.

Ein Beispiel kann das deutlich machen: Ein Kind baut aus Bausteinen ein Haus. Nach einer Weile nimmt es das Haus wieder auseinander. Aus *denselben Steinen* baut es nun etwas ganz anderes auf, etwa einen Turm oder ein Schiff.

Auch alles Lebendige ist wie aus winzigen Bausteinen zusammengesetzt. Einen Teil davon holen sich die Pflanzen mit ihren Wurzeln aus der Erde. Sie brauchen sie zum Leben. Die Pflanzen werden von Tieren gefressen und diese wieder von anderen. Und auch wir Menschen leben ja von Pflanzen und Tieren. So wandern die Bausteine von einem zum andern und kehren in allem Abgestorbenen wieder in die Erde zurück. Es ist ein Kreislauf; denn aus *denselben Bausteinen* wird immer wieder neues, anderes Leben aufgebaut.

Wer im September früh am Morgen einen Wiesenspaziergang macht, wird an vielen Pflanzen zarte Spinnennetze im Sonnenlicht glitzern sehen. Der Tau der Nacht hat sie sichtbar gemacht.

Radnetz einer Kreuzspinne

Die Netze sind nicht nur die Wohnungen vieler Spinnenarten. Sie sind vor allem Fallen, mit denen die achtbeinigen Jäger fliegende Insekten fangen. Ein besonders schönes und gleichmäßiges Radnetz baut die Kreuzspinne. Sie braucht dafür viele Stunden. Wenn sie fertig ist, lauert sie in der Mitte oder am Rand des Netzes auf Beute. Ihr feiner Tastsinn verrät ihr sofort, wenn sich ein Insekt in den klebrigen Seidenfäden verfangen hat.

Oktober

Nun stellt sich die Natur langsam auf die Winterruhe ein. Die Lieder der Vögel sind verstummt. Viele Zugvögel sind schon in wärmere Länder gezogen, und auch die Kiebitze verlassen uns jetzt. Der Turmfalk bleibt im Winter hier. Greifvögel wie er haben besonders scharfe Augen. Sie können ihre Beute von hoch oben aus der Luft erkennen. Hat der Turmfalk eine Maus auf der Wiese entdeckt, stößt er im Sturzflug herab und packt sie.

Der Maulwurf braucht den Turmfalk nicht zu fürchten, denn der kleine, schwarze Erdarbeiter läßt sich ja fast nie hier oben blicken. Nur die vielen braunen Hügel verraten, daß er da ist. Im Herbst und im Winter ist der Maulwurf besonders fleißig. Um sich vor Kälte zu schützen, verlegt er seine Wohnung tiefer in die Erde. Etwa 60 cm unter der Wiese baut er neue Gänge und eine warme Wohnhöhle. Dabei muß er natürlich eine Menge Erde wegschaufeln. So ist es kein Wunder, daß besonders in der kalten Jahreszeit viele Maulwurfshaufen zu sehen sind. Sie fallen aber auch deshalb so auf, weil jetzt die Wiesenpflanzen viel niedriger sind als im Sommer. In dieser Zeit geht ihr Wachstum zu Ende, und man darf wieder über die Wiesen laufen. Da ist Platz genug, um im Herbstwind Drachen steigen zu lassen. Und es macht Freude, die letzten Wiesenblumen zu pflücken. Ein paar Blüten und Gräser sind auch jetzt noch da.

November

Das Laub fällt von den Bäumen, und die Wiesen liegen verlassen da. Wo sind nur all die Tiere geblieben, die auf der Sommerwiese zu sehen waren? Auf diese Frage gibt es für die einzelnen Tierarten verschiedene Antworten. Die Lerchen zum Beispiel sind in wärmere Gegenden geflogen.

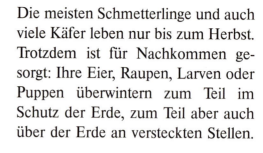

Die meisten Schmetterlinge und auch viele Käfer leben nur bis zum Herbst. Trotzdem ist für Nachkommen gesorgt: Ihre Eier, Raupen, Larven oder Puppen überwintern zum Teil im Schutz der Erde, zum Teil aber auch über der Erde an versteckten Stellen.

Wenn es kalt wird, verlassen die Grasfrösche die Wiesen und suchen in kleinen Bächen und Tümpeln Schutz. Sie vergraben sich dort im Schlamm und fallen in einen tiefen Schlaf. Während dieser Zeit atmen sie nicht mehr durch die Nase, sondern nur durch ihre Haut.

Die Spinnen verbringen die kalte Jahreszeit an einem geschützten Platz. Auch sie haben vorgesorgt: Das Weberknecht-Weibchen hat seine Eier in der Erde abgelegt, während die Kreuzspinnen-Mutter ihre 50–60 Eier in einem gelben Kokon eingesponnen hat.

Die Schnecken suchen sich einen geschützten Platz und verkriechen sich dort. Manchmal vergraben sie sich auch in der Erde. Schnirkelschnecken ziehen sich tief in ihr Haus zurück und verschließen den Ausgang mit einer Schutzschicht aus getrocknetem Schleim.

Hummeln und Wespen leben während des Sommers in einem Staat. Im Herbst sterben alle männlichen Tiere und alle Arbeiterinnen. Nur die vorher noch befruchteten Weibchen überleben den Winter. Sie verkriechen sich unter Baumrinde oder im Moos.

Die verschiedenen Mäusearten bleiben auch im Winter munter. Die Feldmäuse haben im Herbst reichlich Vorräte gesammelt und ihr Nest unter der Erde mit trockenem Gras ausgepolstert. Dort wärmen sie sich gegenseitig, wenn sie von ihren Ausflügen zurückkommen.

Die Maulwurfsgrille weicht der Kälte aus und zieht sich tiefer in die Erde zurück. Bei den Feldgrillen dagegen überwintern nur die Larven. Der Regenwurm rollt sich tief in der Erde zusammen und wartet so auf den Frühling.

Und der Igel? Der sucht sich sein Winterquartier im dichten Gestrüpp einer Hecke, unter einem Reisighaufen am Waldrand oder auch unter einem großen Grasbüschel. Dann sammelt er trockene Blätter und Gräser und polstert damit sein Lager gut aus. Während dieser Zeit frißt er so viel wie möglich. Dabei legt er sich eine gehörige Speckschicht zu. Die braucht er auch, denn im Winter gibt es kein Futter für ihn. Fast alle Tiere, von denen der Igel lebt, sind ja dann nicht zu finden. So bleibt ihm nichts anderes übrig, als sich eines Tages in sein vorbereitetes Bett zu verkriechen. Er rollt sich zu einer stacheligen Kugel zusammen und übersteht die Hungerzeit in einem tiefen Winterschlaf.

Auch für die Marienkäfer gibt es nun keine Nahrung mehr. Sie versammeln sich an geschützten Plätzen und verschlafen dort die kalte Zeit. Der Zitronenfalter gehört zu den Schmetterlingen, die den Winter überleben. Er hält sich ganz fest an einem Zweig und verfällt in Winterstarre. Fast sieht er aus wie ein gelbes Blatt.

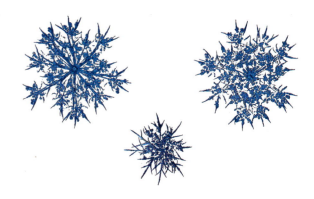

Dezember

Das Jahr geht zu Ende. In der Natur ist es still geworden, und manchmal liegt schon eine dicke Schneedecke über dem Land. Nichts kann mehr wachsen. Auch die Wiesen halten ihren Winterschlaf.
Draußen ist es kalt, und schon am Nachmittag wird es dunkel. Wie schön ist es dann in der warmen Wohnung. Bald ist Weihnachten! Die Erwachsenen tun jetzt oft sehr geheimnisvoll und auch die Kinder.
Besonders viel Spaß macht es, Geschenke selber zu basteln, zum Beispiel einen Kalender für das neue Jahr. Wer im Sommer viele verschiedene Wiesenpflanzen gesammelt und gepreßt hat, kann sie nun auf die Kalenderblätter kleben. Er kann mit ihnen aber auch Naturdrucke machen. Das ist gar nicht schwer. Eine Grasrispe, eine Blüte oder ein Blatt werden vorsichtig mit Farbe aus dem Malkasten angemalt und dann wie ein Stempel auf weißes Papier gedrückt. Die blauen Sterne auf dieser Seite sind übrigens Naturdrucke von den Knospen der Wilden Möhre.
Wer für jeden der zwölf Monate ein anderes Bild klebt oder druckt, kann so seine eigene Wiesen-Uhr entstehen lassen. Und dabei wird dann, während der Winter Eisblumen an unsere Fenster malt, die Schönheit der Sommerwiese wieder lebendig.

Wie die Pflanzen und Tiere auf diesen Bildern heißen:

Zu Seite 6/7

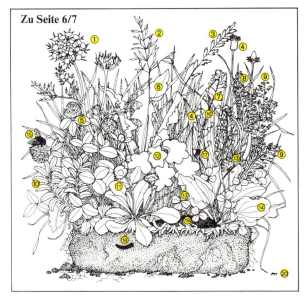

Pflanzen:
① Wilde Möhre
② Wiesen-Rispengras
③ Englisches Raygras
④ Spitz-Wegerich
⑤ Rot-Klee
⑥ Löwenzahn
⑦ Hirtentäschelkraut
⑧ Schafgarbe
⑨ Rasen-Schmiele
⑩ Gänse-Fingerkraut
⑪ Gänseblümchen
⑫ Frauenmantel
⑬ Weiß-Klee
⑭ Breit-Wegerich

Tiere:
⑮ Erdhummel
⑯ Blattläuse
⑰ Marienkäfer
⑱ Regenwurm
⑲ Große Wegschnecke
⑳ Ameise

Zu Seite 17

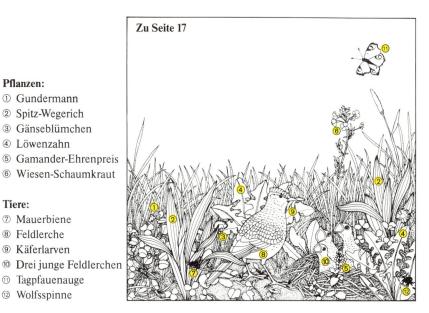

Pflanzen:
① Gundermann
② Spitz-Wegerich
③ Gänseblümchen
④ Löwenzahn
⑤ Gamander-Ehrenpreis
⑥ Wiesen-Schaumkraut

Tiere:
⑦ Mauerbiene
⑧ Feldlerche
⑨ Käferlarven
⑩ Drei junge Feldlerchen
⑪ Tagpfauenauge
⑫ Wolfsspinne

Zu Seite 13

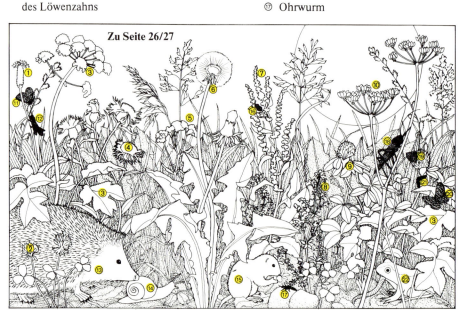

Pflanzen:
① Fruchtstand des Sauer-Ampfers
② Fruchtstand des Spitz-Wegerichs

Tiere:
③ Birkenzeisig
④ Weinbergschnecke
⑤ Schermaus
⑥ Engerling (Larve des Maikäfers)
⑦ Feldspitzmaus
⑧ Regenwürmer
⑨ Maulwurf

Pflanzen:
① Spitz-Wegerich
② Weiß-Klee
③ Wiesen-Bärenklau
④ Wiesen-Flockenblume
⑤ Schafgarbe
⑥ Fruchtstand des Löwenzahns
⑦ Fruchtstand des Sauer-Ampfers
⑧ Wiesen-Labkraut
⑨ Rot-Klee
⑩ Fruchtstand des Wiesen-Bärenklaus

Tiere:
⑪ Bläuling
⑫ Feldheuschrecke
⑬ Igel
⑭ Weinbergschnecke
⑮ Feldmaus
⑯ Saumwanze
⑰ Ohrwurm
⑱ Großes grünes Heupferd
⑲ Kleebunteule
⑳ Spanner
㉑ Spannerraupe
㉒ Grasfrosch

Wovon in diesem Buch erzählt wird